LE
DE
MAGIQUE

d'Arnaud Alméras
illustré par Frédéric Pillot

Chapitre 1

Le duc Fabrice des Ormeaux est un drôle de duc. Se battre en duel ? Pas question. Chevaucher toute la journée ? Impensable. Chasser le cerf du matin au soir ? Il déteste. Le duc n'aime qu'une chose : se pomponner dans la salle de bains.

Aussi, quand il reçoit ce matin-là une lettre de son père qui lui demande de venir le voir au plus vite, il soupire :

– Sortir par ce temps-là ? Mes belles moustaches vont encore se défriser !

Mais la crainte des fameuses colères de son père est la plus forte : le duc fait aussitôt seller son cheval.

Une fois arrivé au château, il traverse le long couloir qui mène à la chambre de son père. Celui-ci est assis au coin du feu, emmitouflé dans une couverture :

– Approche, mon cher fils, marmonne-t-il. Je me sens vieillir de jour en jour… Il est grand temps que je te transmette le secret de notre famille, et que tu saches pourquoi nous sommes des héros de père en fils. Rappelle-toi Édouard des Ormeaux, ce vaillant chevalier ! Et Barnabé !

Et Honoré ! Un jour aussi ton nom sera célèbre ! Apporte-moi donc mon épée…
Fabrice obéit en soupirant. Lui qui a horreur des armes !
– Cette épée est enchantée. Elle a un secret : le visage sculpté sur le pommeau a deux faces et il peut tourner sur lui-même. Quand la face souriante apparaît, elle porte chance à celui qui possède l'épée.

Elle lui permet de vaincre toutes les difficultés. Mais attention ! Si le visage grimaçant se montre, alors celui qui la porte est poursuivi par la malchance. Regarde !

Le vieil homme fait pivoter le pommeau de l'épée et un visage inquiétant se dévoile. Puis il se redresse dans son fauteuil :

– Je te la donne, fais-en un noble usage. Maintenant tu peux me laisser, j'ai besoin de me reposer.

Le duc sort de la pièce. La porte à peine fermée, son

père fait voler sa couverture et s'exclame :

– Quelle comédie ! Mais qu'est-ce que j'ai fait au ciel pour avoir un fils pareil ? Il est grand temps qu'il devienne enfin digne de notre nom illustre ! Cet empoté s'est-il seulement aperçu que la princesse Géraldine est amoureuse de lui ? La fille du roi en personne ! Quel mariage ce serait !... Quant à l'épée, hé, hé ! elle n'a jamais été magique, mais cela lui donnera confiance pour se lancer à l'aventure !

Le vieillard se frotte les mains :

– Et maintenant souhaitons que notre plan se déroule comme prévu... Le roi et la princesse ont dû tout préparer à la perfection !

Chapitre 2

Pendant ce temps-là, des Ormeaux rentre tranquillement chez lui, l'épée au côté. Au cœur de la forêt, des cris retentissent soudain :

– Au secours ! À l'aide !

Le duc se dresse sur ses étriers, et se précipite dans la direction des cris. Dans une clairière, il découvre un carrosse cerné par une bande de brigands. Une jeune fille hurle :

– À l'aide ! Sauvez-moi !

– Par Édouard des Ormeaux, mon illustre ancêtre ! Je la reconnais ! C'est la princesse Géraldine !

Son cœur se met à battre la chamade.

– Courage, princesse ! J'arrive ! s'écrie-t-il en lançant son cheval au galop.

La princesse, l'air inquiet, s'adresse alors à voix basse aux brigands :
– Surtout ne lui faites pas trop de mal.
– Ne vous inquiétez pas, princesse, on connaît notre rôle !
Déjà, tous se préparent à affronter le duc lorsque tout à coup, effrayé par les brigands, le cheval de Fabrice se cabre ! Le duc est désarçonné… et atterrit la tête la première contre un arbre.

Le chef des bandits éclate de rire :
– Il n'aura pas offert trop de résistance ! Voilà qui nous simplifie le travail.
– Bien, soupire Géraldine, vous savez ce que vous avez à faire.
Et d'un coup d'épée, il coupe les moustaches du duc.
Avant de partir, la princesse jette un dernier regard à Fabrice :
– Je suis sûre qu'il vaut beaucoup mieux que ce qu'il montre, murmure-t-elle. Mais il est tout de même assez désespérant !
Une heure passe, puis deux. Le duc émerge doucement de son sommeil forcé.

– Ma pauvre tête, comme j'ai mal ! gémit-il.
Le duc passe la main sur son visage et s'écrie :
– Par Edmond des Ormeaux, mon illustre ancêtre ! Mes moustaches ! Où sont-elles passées ?
Il pique alors une colère terrible :
– Ah ! les lâches ! Ah ! les fourbes ! Les moustaches d'un des Ormeaux sont sacrées !

Et la pauvre princesse qui est entre leurs mains ! Attendez que je vous retrouve !

Il se met en marche, bien décidé à en découdre. Il ronchonne, bouillonne, bougonne et marmonne, tandis que la nuit tombe lentement.

Soudain un hurlement s'élève, tout proche, bientôt suivi par d'autres...

– Les loups ! murmure le duc. Grimpons vite dans un arbre. Ce n'est peut-être pas glorieux, mais c'est la seule solution !

Les loups sortent alors des buissons. Un à un, ils se dressent contre l'arbre et fixent le duc d'un œil gourmand. Le temps passe. Des Ormeaux accroché à sa branche est bien décidé à ne pas leur servir de repas.

Les loups finissent par renoncer, mais Fabrice, terrorisé, n'ose toujours pas bouger.

« C'est une ruse, pense-t-il, ces bêtes féroces se sont cachées et elles attendent leur heure. »

Toute la nuit, il grelotte et gémit, assis à califourchon sur sa branche.

Chapitre 3

Quand l'aube apparaît enfin, le duc, frigorifié, se décide à descendre.

– Par Charles des Ormeaux, mon illustre ancêtre ! Je n'ai jamais eu aussi froid de ma vie ! Et j'ai une faim de loup ! Je ne vais quand même pas manger des glands ! Et dire qu'un merveilleux petit déjeuner doit m'attendre !

Le duc se met à fouiller les buissons et les fourrés à la recherche de noisettes ou de mûres. Il finit par découvrir des champignons au pied d'un vieux chêne.

– On dirait bien des pleurotes...

Sans hésiter plus longtemps, le duc affamé dévore les champignons.

C'est alors qu'un bouton apparaît sur le bout de son nez. Puis deux. Puis trois ! Bientôt, tout son corps en est couvert. Le duc se met à gesticuler étrangement. Il hausse l'épaule pour se frotter l'oreille, lève un bras, et se gratte les côtes. Il se plie en deux, enlève l'une de ses bottes et se gratte le mollet tout en glissant la main sous sa chemise pour atteindre son dos.

– Par Barnabé des Ormeaux, mon illustre ancêtre, ce n'étaient pas des pleurotes ! Je me suis empoisonné ! Prions le ciel pour que ce ne soient pas des champignons mortels !
Et le duc se met en route pour enfin sortir de la forêt.

– C'est atroce comme ça me démange ! répète-t-il tout au long du chemin.

Soudain, traversant des fougères, il pousse un hurlement : il vient de poser le pied dans un piège à loup !

– Par Honoré des Ormeaux, mon illustre ancêtre ! C'est une malédiction ! Jamais je ne retrouverai la princesse !

Tout pâle, il attrape une grosse branche, qu'il glisse dans le piège. Il appuie dessus de toutes ses forces et parvient à retirer sa jambe. Puis le duc déchire la manche de sa chemise pour se faire un bandage. Grimaçant de douleur et se grattant sans cesse, il finit par arriver en haut d'une colline. C'est alors qu'il aperçoit au loin un château.

Chapitre 4

– Je suis sauvé ! s'écrie le duc des Ormeaux. C'est le château du père de la princesse Géraldine.
« La chance tourne enfin ! Je vais me faire soigner et trouver du renfort pour aller secourir la princesse ! » se dit Fabrice qui presse le pas en clopinant.
Dans la cour du château, il s'autorise enfin à s'évanouir de fatigue, de douleur et de faim. Les gens s'approchent avec méfiance, se demandant qui peut bien être cet énergumène, quand soudain la dame de compagnie de Géraldine s'écrie :

– C’est lui ! Il était là quand on a attaqué la princesse ! C’est un des bandits ! Même sans ses moustaches, je le reconnais !

Le duc ouvre un œil pour voir les gardes bondir sur lui et le désarmer.

– Tu ne perds rien pour attendre, mon gaillard… dit l’un des hommes en armure.

– Mais je voulais sauver la…

– Silence, misérable ! s’écrie le roi qui vient d’apparaître. Qu’on l’enferme !

Le duc est désespéré :

– C’est un effroyable cauchemar ! Je vais sûrement me réveiller !

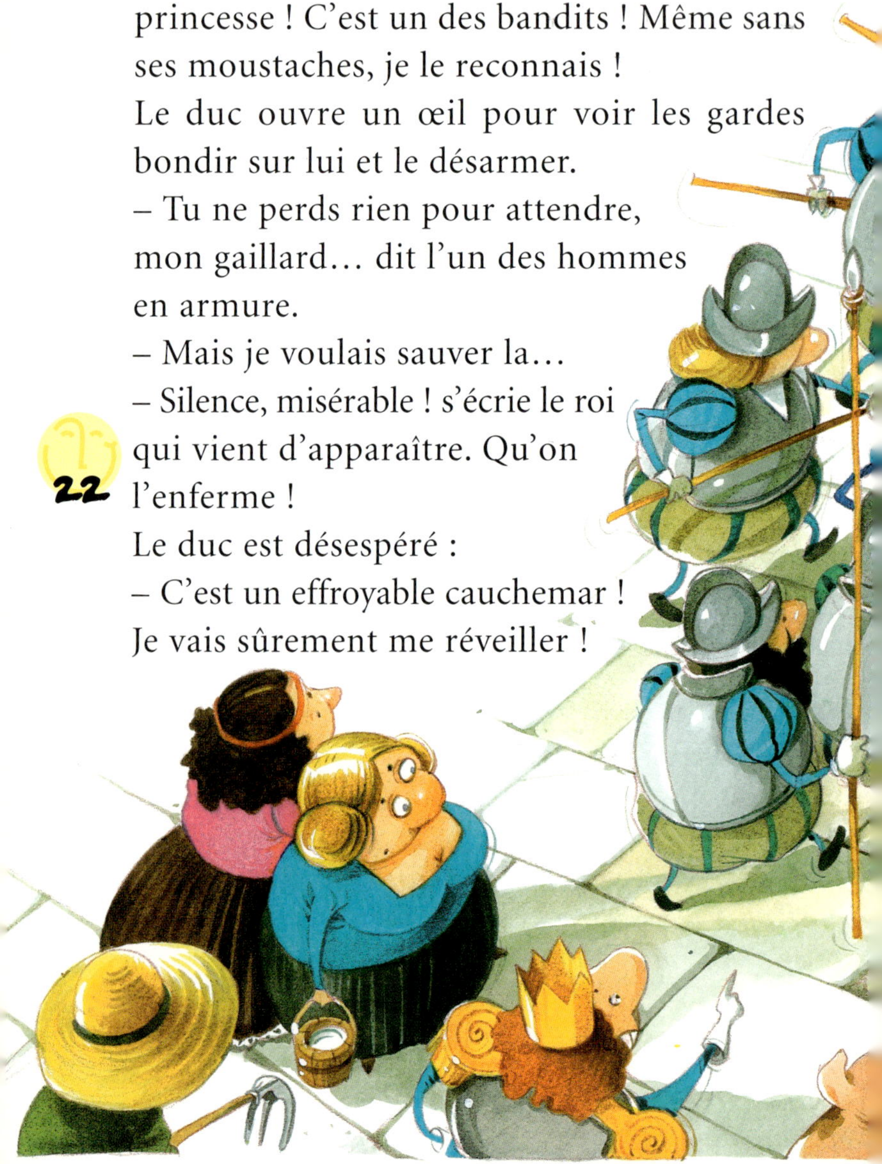

Dans l'ignoble cachot dans lequel on le jette, il se laisse aller au désespoir :

– Hier matin, tout allait bien. J'étais tranquille, je n'avais d'autres soucis dans la vie que mes moustaches. Mais depuis que mon père m'a confié son épée, tout va de travers. Les catastrophes s'enchaînent. La princesse est toujours aux mains des bandits et je n'ai

même pas pu lui prouver mon courage. Je me suis ridiculisé à tout jamais !
Tout à coup il se souvient des paroles de son père à propos du pommeau de son épée : « Le sourire porte chance, et la grimace malchance. »
Alors Fabrice croit tout comprendre : « Mon père a tourné le visage du côté grimaçant : l'épée m'a donc porté malheur ! Maudite épée ! Elle est la cause de toutes les catastrophes qui me sont arrivées. »
La porte du cachot s'ouvre soudain avec fracas.

Chapitre 5

Un homme énorme se dresse devant Fabrice, un sourire cruel aux lèvres. C'est le chef des gardes :

– J'ai ordre du roi de t'enchaîner à double tour, ricane-t-il. Je n'ai pas perdu ma journée, ajoute-t-il en saisissant le manche de son arme. J'ai fait une belle acquisition.

Le duc reconnaît alors l'épée de son père !

Menaçant, le garde s'approche et… se prend brusquement les pieds dans la chaîne qu'il porte.

– Au sec… !

Bing ! Il s'étale de tout son long aux pieds du duc.

– Il m'a l'air parfaitement assommé, murmure celui-ci en examinant prudemment le garde étendu au sol.
Il s'empare du trousseau de clés accroché à la ceinture du garde et se libère.
– J'en profite pour récupérer ce qui m'appartient, dit-il en attrapant son épée.

En un clin d'œil, des Ormeaux fait tourner le pommeau d'ivoire. Le visage souriant apparaît.

– Maintenant, plus rien ne me résistera ! s'exclame le duc.

Fabrice enferme le chef des gardes dans sa cellule. La porte à peine refermée, l'homme se redresse :

– Quel naïf, ricane-t-il. Me croire assez bête pour m'assommer tout seul…

Le duc avance avec précaution dans le couloir sombre et humide. À l'autre bout, deux soldats montent la garde. Dès qu'ils voient poindre les boucles de la perruque de des Ormeaux, ils se font un clin d'œil et se mettent à parler bien fort :

– Le roi a eu une bonne idée de cacher la rançon dans ce cachot. Personne n'aura idée de venir la chercher ici…

Le duc tend l'oreille.

– Il a bien fait d'accepter de payer pour sauver la vie de notre princesse bien-aimée ! ajoute le second garde.

Dès demain, on apportera la rançon aux bandits.
Soudain, des cris résonnent : c'est le chef des gardes qui tambourine dans sa cellule.
– Alerte ! Le prisonnier s'est échappé ! Ouvrez-moi vite !
Les gardes se précipitent en direction des cris, laissant le champ libre à Fabrice, qui sort de sa cachette. Il pénètre sans difficulté dans la cellule qui, comme par hasard, n'est pas fermée à clef :
– Décidément, la chance est revenue, se réjouit-il, sans imaginer un instant que toute son évasion a été organisée par le roi.
Au milieu de la pièce, trône un coffre. Fabrice soulève le couvercle : le coffre est rempli de pièces d'or...
– J'ai une idée, murmure des Ormeaux avec un sourire. Je sais comment m'enfuir d'ici, anéantir les bandits...
Ses yeux rêvent un instant :
– ... et briller enfin devant la princesse.

Chapitre 6

Le lendemain matin, la porte s'ouvre, et des soldats soulèvent le coffre. Ils l'attachent sur un cheval, et vont le déposer dans la clairière, comme convenu.

Cachés dans les fourrés, les bandits finissent de se mettre d'accord.

– Surtout, ne lui faites pas mal, supplie la princesse. Il n'a pas l'habitude de se battre. Maintenant, bâillonnez-moi, et au travail !

Une minute plus tard, les brigands quittent leur cachette et s'approchent du butin :

À cet instant, le duc jaillit du coffre, tel un diablotin de sa boîte :

– À nous, mes gaillards !

Mais la lutte commence mal : la précieuse épée de Fabrice est restée coincée dans le coffre. Dès qu'il s'en aperçoit, l'un des bandits lâche, comme par accident, sa propre épée.

Prestement, des Ormeaux s'en empare et engage le combat.

– Ah, gredins ! Vous m'avez coupé les moustaches !

Tchak ! Il découpe les chemises des brigands.

– Ah, crapules ! Les moustaches d'un des Ormeaux sont sacrées !

Il fait virevolter son arme avec une vitesse et une précision extraordinaires : tchak ! tchak ! et tranche leurs bretelles.

– Mais c'est qu'il est redoutable ! s'écrie l'un d'eux.

– Il va nous massacrer, chef ! C'était pas prévu dans le contrat ! ajoutent les autres avant de s'enfuir à toutes jambes.

Aussitôt délivrée, Géraldine se jette dans les bras de des Ormeaux.
– Comme vous avez été malin de vous cacher dans le coffre pour retrouver les bandits ! Et comme vous avez été vaillant pendant ce terrible combat !
– C'est normal, charmante princesse, répond le duc en rougissant un peu. Dans la famille, nous sommes héros de père en fils grâce…
Il veut poser la main sur son épée. Il réalise alors qu'il s'en est très bien sorti sans elle !
– Je voulais dire, nous sommes héros de père en fils grâce à notre… courage !
La princesse murmure alors avec émotion :
– Jamais je n'ai douté de vous… j'avais bien raison !
Et si le duc avait encore eu ses moustaches, elles en auraient frémi de plaisir.

Loi 49.956 du 16.07.1949
Dépôt légal : 2e trimestre 2000
ISBN : 2-7459-0044-7
Imprimé en France par Pollina n° L 80014 F